EXPOSITION UNIVERSELLE DE 1889
À PARIS.

TROIS TYPES

DE

BIBLIOTHÈQUES POPULAIRES.

N° 1.

PARIS.

IMPRIMERIE NATIONALE.

M DCCC LXXXIX.

BIBLIOTHÈQUES POPULAIRES.

MINISTÈRE DE L'INSTRUCTION PUBLIQUE
ET DES BEAUX-ARTS.

EXPOSITION UNIVERSELLE DE 1889
À PARIS.

TROIS TYPES

DE

BIBLIOTHÈQUES POPULAIRES.

N° 1.

PARIS.

IMPRIMERIE NATIONALE.

M DCCC LXXXIX.

GRAMMAIRES ET DICTIONNAIRES
FRANÇAIS ET ÉTRANGERS.

Bachelet (Th.) et **Dezobry (Ch.)**. Dictionnaire général des lettres, des beaux-arts et des sciences morales et politiques, 2 vol. gr. in-8°; *Ch. Delagrave.*

Bénard (Th.). Dictionnaire classique universel, 1 vol. in-18; *V°° Belin et fils.*

Bescherelle aîné. Dictionnaire universel de la langue française, 2 vol. in-4°; *Garnier frères.*

Clédat (L.). Grammaire élémentaire de la vieille langue française, 1 vol. in-18; *Garnier frères.*

Ferrari (C.) et **Joseph Caccia**. Grand dictionnaire français-italien et italien-français, 1 vol. in-8°; *Garnier frères.*

Grégoire (Louis). Dictionnaire encyclopédique d'histoire, de biographie, de mythologie et de géographie, 1 vol. in-8°; *Garnier frères.*

Lemaire (P.-A.). Grammaire de la langue française; 1 vol. in-8°; *Delalain frères.*

Privat-Deschanel et **Focillon (Ad.)**. Dictionnaire général des sciences théoriques et appliquées, 2 vol. gr. in-8°; *Ch. Delagrave et Garnier frères.*

Salvà (D. Vicente). Nouveau dictionnaire espagnol-français et français-espagnol, 1 vol. in-8°; *Garnier frères.*

Siret. Éléments de grammaire anglaise, 1 vol. in-12; *Delalain frères.*

Sobrino. Grammaire espagnole-française; édition refondue par M. A. Galban, 1 vol. in-8°; *Garnier frères.*

Spiers (A.). Nouveau dictionnaire général anglais-français et français-anglais, 2 vol. in-8°; *Baudry et C°.*

Suckau (W. de). Dictionnaire allemand-français et français-allemand, 1 vol. in-8°; *Hachette et C°.*

— Éléments de la grammaire allemande, 1 vol. in-12; *Delalain frères.*

Vapereau (G.). Dictionnaire universel des contemporains, 1 vol. gr. in-8°; *Hachette et C°.*

Vergani. Grammaire italienne en vingt leçons, 1 vol. in-12; *Perrin et C°.*

LITTÉRATURE ET MORALE.

I. PHILOSOPHIE ET MORALE.

Barni (J.). Histoire des idées morales et politiques en France au xviii° siècle, 2 vol. in-12; *Félix Alcan.*

Bersot (E.). Conseils d'enseignement, de philosophie et de politique, 1 vol. in-16; *Hachette et Cie.*

— Un Moraliste, 1 vol. in-16; *Hachette et Cie.*

Blackie (J.-S.). L'Éducation de soi-même (intellectuelle, physique et morale). Conseils aux jeunes gens, 1 vol. in-16; *Hachette et Cie.*

Bizos (G.). Fénelon éducateur, 1 vol. pet. in-8°; *Lecène et Oudin.*

Bourde (P.). Le Patriote, 1 vol. in-16; *Hachette et Cie.*

Bréal (M.). Quelques mots sur l'instruction publique en France, 1 vol. in-16; *Hachette et Cie.*

Channing. OEuvres sociales, 1 vol. in-18; *Charpentier et Cie.*

Coignet (Mme). De l'éducation dans la démocratie, 1 vol. in-12; *Ch. Delagrave.*

Compayré. Histoire critique des doctrines de l'éducation en France, 2 vol. in-16; *Hachette et Cie.*

Courcelle-Seneuil. Précis de morale rationnelle, 1 vol. in-32; *Guillaumin et Cie.*

Cousin (V.). Du Vrai, du Beau et du Bien, 1 vol. in-32; *Guillaumin et Cie.*

Du Camp (M.). La Vertu en France, 1 vol. in-8°; *Hachette et Cie.*

Duruy (G.). Pour la France, 1 vol. in-16; *Hachette et Cie.*

Favre (Mme J.). La Morale des Stoïciens, 1 vol. in-18; *Félix Alcan.*

— La Morale de Socrate, 1 vol. in-18; *Félix Alcan.*

Fénelon. Éducation des filles, précédée d'une introduction par M. O. GRÉARD, 1 vol. in-12; *Librairie des Bibliophiles.*

Ferraz. Nos devoirs et nos droits, 1 vol. in-12; *Perrin et Cie.*

Gréard (O.). De la morale de Plutarque, 1 vol. in-16; *Hachette et Cie.*

— Éducation et instruction, 4 vol. in-16; *Hachette et Cie.*

Janet (Paul). La Famille, 1 vol. in-18; *Calmann Lévy.*

— Philosophie du bonheur, 1 vol. in-18; *Calmann Lévy.*

Laboulaye (Ed.). Discours populaires, 1 vol. in-18; *Charpentier et Cie.*

— Derniers discours populaires, 1 vol. in-18; *Charpentier et Cie.*

Lacroix (D.). Le Livre d'or des enfants sauveteurs, 1 vol. in-18; *Paul Dupont.*

Lavisse (E.). Questions d'enseignement national, 1 vol. in-18; *A. Colin et Cie.*

Legouvé (E.). Nos filles et nos fils, 1 vol. in-18; *Hetzel et Cie.*

Maintenon (Mme de) dans le monde et à Saint-Cyr, choix de lettres et entretiens, avec une introduction par L. Jacquinet, 1 vol. in-12; *Vve Belin et fils.*

— Extraits de ses lettres, avis, etc., introduction par O. Gréard, 1 vol. in-16, *Hachette et Cie.*

Marion (H.). Leçons de morale, 1 vol. in-18; *A. Colin et Cie.*

Martha (Constant). Les Moralistes sous l'Empire romain, 1 vol. in-16; *Hachette et Cie.*

Petit (Maxime). Le Courage civique, 1 vol. in-16; *Hachette et Cie.*

Simon (J.). Le Devoir, 1 vol. in-16; *Hachette et Cie.*

— L'École, 1 vol. in-16; *Hachette et Cie.*

— La Réforme de l'enseignement secondaire, 1 vol. in-8°; *Hachette et Cie.*

Steeg. La vie morale. — Recueil de lectures choisies et annotées, 1 vol. in-12; *F. Nathan.*

Tolstoï (L.). L'Enfance et l'Adolescence, 1 vol. in-18; *Hetzel et Cie.*

II. HISTOIRE DES LITTÉRATURES ET CRITIQUE.

Albert (P.). La Poésie, 1 vol. in-16; *Hachette et Cie.*

— La Prose, 1 vol. in-16; *Hachette et Cie.*

— Poètes et Poésies, 1 vol. in-16; *Hachette et Cie.*

— Variétés morales et littéraires, 1 vol. in-16; *Hachette et Cie.*

Boucher. Tableau de la littérature anglaise, 1 vol. in-8°. *Léopold Cerf.*

Brunetière (F.). Études critiques sur l'histoire de la littérature française, 3 vol. in-16; *Hachette et Cie.*

Caro (E.). George Sand, 1 vol. in-16; *Hachette et Cie.*

Chassang et Marcou. Les Chefs-d'œuvre épiques de tous les peuples. — Notices et analyses, 1 vol. in-16; *Jouvet et Cie.*

Demogeot. Histoire des littératures étrangères : Angleterre, Allemagne, Italie, Espagne, 2 vol. in-16; *Hachette et Cie.*

Deschanel (Émile). Le romantisme des classiques. — Racine, 2 vol. in-18; *Calmann Lévy.*

Ducros (L.). J.-J. Rousseau, 1 vol. in-8°; *Lecène et Oudin.*

Dupuy (Ernest). Les grands maîtres de la littérature russe au xixe siècle, 1 vol. in-18; *Lecène et Oudin.*

Faguet (E.). Études littéraires sur le xixe siècle, 1 vol. in-18; *Lecène et Oudin.*

— Les Grands maîtres du xviie siècle, 1 vol. in-18; *Lecène et Oudin.*

Filon (Auguste). Histoire de la littérature anglaise, 1 vol. in-16; *Hachette et Cie.*

Geruzez (E.). Histoire de la littérature française, 2 vol. in-12; *Perrin et Cie.*

Gidel (Ch.). Histoire de la littérature française, 4 vol. in-12: *Lemerre.*

Lange (Albert). Tableau de la littérature allemande, 1 vol. in-12; *Léopold Cerf.*

Larroumet (G.). La Comédie de Molière, 1 vol. in-16; *Hachette et Cie.*

Lenient (C.). La Comédie en France au xviiie siècle, 2 vol. in-16; *Hachette et Cie.*

Lentilhac (E.). Beaumarchais et ses œuvres, 1 vol. in-8°; *Hachette et Cie.*

Merlet (G.). Études littéraires sur les grands classiques grecs, 1 vol. in-16; *Hachette et Cie.*

Mézières (A.). Gœthe, les œuvres expliquées par la vie, 2 vol. in-16; *Hachette et Cie.*

— Shakespeare, ses œuvres et ses critiques, 1 vol. in-16; *Hachette et Cie.*

Moland (L.). Molière, sa vie et ses ouvrages, 1 vol. in-18; *Garnier frères.*

Montégut (E.). Poètes et artistes de l'Italie, 1 vol. in-16; *Hachette et Cie.*

Paris (G.). La Littérature française au moyen âge, 1 vol. in-16; *Hachette et Cie.*

Sorel (Albert). Montesquieu, 1 vol. in-16; *Hachette et Cie.*

Vogüé (Vte E.-M.). Le roman russe, 1 vol. in-18; *Plon, Nourrit et Cie.*

III. ANTHOLOGIES.

Anthologie des poètes français depuis le xve siècle jusqu'à nos jours, 1 vol. in-12; *Lemerre.*

Anthologie des prosateurs français depuis le xiie siècle jusqu'à nos jours, 1 vol. in-12; *Lemerre.*

Becq de Fouquière. OEuvres choisies des poètes français du xvie siècle, 1 vol. in-18; *Charpentier et Cie.*

Chefs-d'œuvre comiques d'Andrieux, Boursault, etc., 8 vol. in-18; *Firmin-Didot et Cie.*

Chefs-d'œuvre tragiques de Rotrou, Lafosse, Crébillon, etc., 2 vol. in-18; *Firmin-Didot et Cie.*

Darmesteter et Hatzfeld. Morceaux choisis des principaux écrivains du xvie siècle, 1 vol. in-12; *Ch. Delagrave.*

Fallex (Eugène). Anthologie des poètes latins, 2 vol. in-12; *Lemerre.*

Jacquinet (P.). Les femmes de France. — Poètes et prosateurs. — Morceaux choisis, 1 vol. in-12; *Vve Belin et fils.*

Merlet (Gustave). Extraits des classiques français. — Cours supérieur. — Poésie, 1 vol. in-12; *A. Fouraut.*

— Extraits des classiques français. — Cours supérieur. — Prose, 1 vol. in-12; *A. Fouraut.*

Pessonneaux (Émile). Les Grands poètes de la Grèce. — Extraits et notices, 1 vol. in-18; *Charpentier et Cie.*

Sevrette (J.). Chefs-d'œuvre de la littérature anglaise, 1 vol. in-12; *Vve Belin et fils.*

IV. LITTÉRATURE ANCIENNE.

César (Jules). Commentaires, 2 vol. in-16; *Hachette et Cie.*

Couat (A.). Homère. — L'Iliade. — L'Odyssée, 1 vol. in-8°; *Lecène et Oudin.*

Deltour et **Rinn.** La Tragédie grecque. — Analyses et extraits, 1 vol. in-8°; *Ch. Delagrave.*

Hérodote. Histoires (trad. GIGUET), 1 vol. in-16; *Hachette et Cie.*

Homère. L'Iliade et l'Odyssée, édition à l'usage de la jeunesse, 1 vol. in-8°; *Hachette et Cie.*

Tacite. OEuvres complètes, 1 vol. in-16; *Hachette et Cie.*

Tite-Live. Histoires et Narrations choisies, 1 vol. in-18; *Delalain frères.*

Virgile. Bucoliques, Géorgiques, Énéide, édition abrégée à l'usage de la jeunesse; 1 vol. in-8°; *Hachette et Cie.*

V. LITTÉRATURE FRANÇAISE JUSQU'À LA FIN DU XVIIIe SIÈCLE.

Anonyme. La Chanson de Roland (édition Gautier), 1 vol. in-18; *A. Mame et fils* (Tours).

— La Farce de maître Pathelin. 1 vol. in-12; *Librairie des bibliophiles.*

Beaumarchais. Théâtre, 1 vol. in-18; *Firmin-Didot et Cie.*

Bernardin de Saint-Pierre. Paul et Virginie, 1 vol. in-16; *Hachette et Cie.*

Boileau-Despréaux. OEuvres poétiques, 1 vol. in-12; *Ch. Delagrave.*

Bossuet. Oraisons funèbres, 1 vol. in-18; *Hetzel et Cie.*

Buffon. Chefs-d'œuvre littéraires, 2 vol. in-8°; *Garnier frères.*

Chénier (A.). OEuvres poétiques, 1 vol. in-12; *Librairie des bibliophiles.*

Corneille. OEuvres choisies, 1 vol. in-8°; *Hachette et Cie.*

Diderot. Morceaux choisis, 1 vol. in-12; *Librairie d'éducation de la jeunesse.*

Fénelon. Les Aventures de Télémaque, 1 vol. in-18; *Garnier frères.*

Fléchier, Bourdaloue. Chefs-d'œuvre oratoires. — Petit Carême de Massillon, 1 vol. in-8°; *Jouvet et Cie.*

Florian. Fables, 1 vol. in-18; *Garnier frères.*

La Bruyère. Les Caractères, 1 vol. in-16; *Hachette et Cie.*

La Fontaine. Fables (annotées par BUFFON), 1 vol. in-12; *Librairie des bibliophiles.*

Maistre (X. de). OEuvres choisies, 1 vol. in-16; *Hachette et Cie.*

Marivaux. Théâtre choisi, 2 vol. in-12; *Librairie des bibliophiles.*

Mirabeau. Morceaux choisis (édition Milliet), 1 vol. in-16; *Charavay frères.*

Molière. Chefs-d'œuvre, 2 vol. in-16; *Hachette et Cie.*

Racine (J.). Chefs-d'œuvre, 2 vol. in-16; *Hachette et Cie.*

Regnard. Chefs-d'œuvre, 2 vol. in-32; *Plon, Nourrit et Cie.*

Rousseau (J.-J.). Extraits, 1 vol. in-18; *Garnier frères.*

Voltaire. Choix de lettres, 1 vol. in-16; *Hachette et Cie.*

— Extraits, 1 vol. in-18; *Garnier frères.*

— Théâtre choisi, 1 vol. in-16; *Hachette et Cie.*

VI. LITTÉRATURE FRANÇAISE. — XIX° SIÈCLE.

Augier (Émile). Théâtre complet, 6 vol. in-18; *Calmann Lévy.*

— **et Sandeau (Jules).** Le Gendre de M. Poirier, 1 vol. in-18; *Calmann Lévy.*

Bornier (Henri de). La Fille de Roland, 1 vol. in-8°; *Dentu et Cie.*

Brizeux (Auguste). OEuvres. — Marie, Telen Arvor, Furnez Breiz, 1 vol. in-12; *Lemerre.*

Chateaubriand (F.-A. de). Atala. René. Les Natchez, 1 vol. in-16; *Hachette et Cie.*

— Itinéraire de Paris à Jérusalem, 1 vol. in 8°; *Jouvet et Cie.*

— Les Martyrs, 1 vol. in-8°; *Jouvet et Cie.*

Coppée (François). Poésies (1864-1886), 3 vol. in-12; *Lemerre.*

Courier (Paul-Louis). OEuvres, 1 vol. in-18; *Garnier frères.*

Delavigne (Casimir). Théâtre, 3 vol. in-18; *Firmin-Didot et Cie.*

Dumas fils (Alexandre). Affaire Clémenceau, 1 vol. in-18; *Calmann Lévy.*

Gautier (Théophile). Émaux et Camées, 1 vol. in-18; *Charpentier et Cie.*

Girardin (Mme Émile de). La Joie fait peur, 1 vol. in-18; *Calmann Lévy.*

Hugo (Victor). L'Art d'être grand-père, 1 vol. in-18; *Hetzel-Quantin.*

— La Légende des siècles, 4 vol. in-18; *Hetzel-Quantin.*

— Odes et Ballades, 1 vol. in-18; *Hetzel-Quantin.*

— Les Orientales. — Les Feuilles d'automne, 1 vol. in-8°; *Hetzel-Quantin.*

— Les Chants du crépuscule. — Les Voix intérieures. — Les Rayons et les Ombres, 1 vol. in-8°; *Hetzel-Quantin.*

— Les Contemplations, 2 vol. in-8°; *Hetzel-Quantin.*

— Drames, 4 vol. in-8°; *Hetzel-Quantin.*

— Les Enfants (le livre des mères), 1 vol. in-18; *Hetzel et Cie.*

— Extraits, édition des écoles, 1 vol. in-18; *Hetzel-Quantin.*

Labiche (Eugène) et Martin (Édouard). Le Voyage de M. Perrichon, 1 vol. in-18; *Calmann Lévy.*

Lamartine (A. de). Jocelyn, 1 vol. in-16; *Hachette-Jouvet.*

— Harmonies poétiques et religieuses, 1 vol. in-16; *Hachette-Jouvet.*

— Premières méditations poétiques. — La Mort de Socrate, 1 vol. in-16; *Hachette-Jouvet.*

— Extraits, 1 vol. in-16; *Hachette-Jouvet.*

Laprade (Victor de). Pernette, 1 vol. in-8°; *Perrin et Cie.*

Leconte de Lisle. Poèmes antiques, 1 vol. in-12; *Lemerre.*

Lemoyne (André). Poésies (1855-1883), 2 vol. in-12; *Lemerre.*

Manuel (Eugène). Pages intimes, 1 vol. in-18; *Calmann Lévy.*

— Poèmes populaires, 1 vol. in-18; *Calmann Lévy.*

Michelet. L'Oiseau, 1 vol. in-16; *Hachette et Cie.*

— L'Insecte, 1 vol. in-16; *Hachette et Cie.*

Michelet. La Mer, 1 vol. in-18; *Calmann Lévy.*

— Anthologie des œuvres de Michelet. — Extraits littéraires, 1 vol. in-12; *A. Colin et Cⁱᵉ.*

— Ma Jeunesse, 1 vol. in-18; *Calmann Lévy.*

Musset (A. de). Extraits, 1 vol. in-18; *Charpentier et Cⁱᵉ.*

Quinet (Edgar). Pages choisies, 1 vol. in-16; *Hachette et Cⁱᵉ.*

Sainte-Beuve. Portraits de femmes, 1 vol. in-18; *Garnier frères.*

— Portraits littéraires, 1 vol. in-18; *Garnier frères.*

Sardou (Victorien). Patrie, 1 vol. in-18; *Calmann Lévy.*

Scribe (Eugène). La Calomnie. — La Grand'mère. — Japhet. — Le Verre d'eau, 1 vol. in-18; *Dentu et Cⁱᵉ.*

— La Bohémienne. Bertrand et Raton, 1 vol. in-18; *Dentu et Cⁱᵉ.*

Staël (Mᵐᵉ de). Corinne, 1 vol. in-18; *Charpentier et Cⁱᵉ.*

Sully-Prudhomme. Stances et Poèmes, 1 vol. in-12; *Lemerre.*

Theuriet (André). Poésies (1860-1874), 1 vol. in-12; *Lemerre.*

Vigny (Alfred de). Poésies, 1 vol. in-12; *Lemerre.*

— Servitude et grandeur militaires, 1 vol. in-12; *Lemerre.*

VII. LITTÉRATURE ÉTRANGÈRE.

Arioste. Roland furieux, 2 vol. in-18; *Garnier frères.*

Auerbach. Choix de récits villageois de la Forêt-Noire, texte allemand. 1 vol. in-16; *Hachette et Cⁱᵉ.*

— Choix de récits villageois de la Forêt-Noire, traduction française, 1 vol. in-16; *Hachette et Cⁱᵉ.*

Calderon de la Barca (D. Pedro). Il magico prodigioso, 1 vol. in-16; *Hachette et Cⁱᵉ.*

— Œuvres dramatiques, traduction française, 2 vol. in-12; *Perrin et Cⁱᵉ.*

Calidasa. Sacountala, traduction française, 1 vol. in-16; *Librairie des bibliophiles.*

Cervantès Saavedra (Miguel de). Le Captif, texte espagnol, 1 vol. in-16; *Hachette et Cⁱᵉ.*

— Le Captif, traduction française, 1 vol. in-16; *Hachette et Cⁱᵉ.*

Currer Bell. Jane Eyre, texte anglais, 2 vol. in-12; *Bernhard Tauchnitz* (Leipzig).

Dante Alighieri. La Divine Comédie, 1 vol. in-18; *Charpentier et Cⁱᵉ.*

Gœthe. Hermann et Dorothée, texte allemand et traduction française, 1 vol. in-16; *Hachette et Cⁱᵉ.*

— Hermann et Dorothée, traduction française, 1 vol. in-12; *Perrin et Cⁱᵉ.*

— Wilhelm Meister, 2 vol. in-18; *Charpentier et Cⁱᵉ.*

— La Campagne de France, texte allemand, 1 vol. in-16; *Hachette et Cⁱᵉ.*

— La Campagne de France, traduction française, 1 vol. in-16; *Hachette et Cⁱᵉ.*

Lessing. Fables, texte allemand et traduction française, 1 vol. in-16; *Hachette et Cⁱᵉ.*

Lessing. Fables en prose et en vers (texte allemand), suivies de 25 fables choisies dans Hagedorn, Willanow, etc., 1 vol. in-16; *Hachette et Cie*.

Lessing et Kotzebüe. Théâtre choisi, 1 vol. in-12; *Perrin et Cie*.

Longfellow. Drames et poésies, 1 vol. in-16; *Hachette et Cie*.

— Évangeline et poèmes choisis, texte anglais, 1 vol. in-16; *Hachette et Cie*.

Lope de Vega. OEuvres dramatiques, 2 vol. in-12; *Perrin et Cie*.

Manzoni. Les Fiancés, 2 vol. in-16; *Hachette et Cie*.

Schiller. Guillaume Tell. 1 vol. in-12; *Delalain frères*.

— Théâtre, 3 vol. in-8°; *Hachette et Cie*.

— Histoire de la guerre de Trente-Ans, 1 vol. in-18; *Charpentier et Cie*.

Shakespeare. Chefs-d'œuvre, 3 vol. in-16; *Hachette et Cie*.

Tasse. La Jérusalem délivrée, texte italien, 1 vol. in-16; *Hachette et Cie*.

— La Jérusalem délivrée, traduction française, 1 vol. in-18; *Charpentier et Cie*.

VIII. ROMANS, CONTES ET NOUVELLES.

(FRANÇAIS ET ÉTRANGERS).

Anonyme. La Neuvaine de Colette, 1 vol. in-18; *Calmann Lévy*.

About (Edmond). Le Roman d'un brave homme, 1 vol. in-16; *Hachette et Cie*.

— Les Mariages de province, 1 vol. in-16; *Hachette et Cie*.

— Germaine, 1 vol. in-16; *Hachette et Cie*.

— Les Mariages de Paris, 1 vol. in-16; *Hachette et Cie*.

— Trente et Quarante. — Sans dot. — Les Parents de Bernard, 1 vol. in-16; *Hachette et Cie*.

— Le Roi des montagnes, 1 vol. in-16; *Hachette et Cie*.

— Nouvelles et Souvenirs, 1 vol. in-8°; *Hachette et Cie*.

Balzac (H. de). Grandeur et décadence de César Birotteau, 1 vol. in-18; *Calmann Lévy*.

— Scènes de la vie de province. — Ursule Mirouet, 1 vol. in-18; *Calmann Lévy*.

— Scènes de la vie de province. — Eugénie Grandet, 1 vol. in-18; *Calmann Lévy*.

— Scènes de la vie parisienne. — Les Parents pauvres. — La Cousine Bette, 1 vol. in-18; *Calmann Lévy*.

Beecher Stowe (Mistress). La Case de l'oncle Tom, 1 vol. in-16; *Hachette et Cie*.

Bernard (Charles de). Gerfaut, 1 vol. in-18; *Calmann Lévy*.

— Le Gentilhomme campagnard, 1 vol. in-18; *Calmann Lévy*.

Bersezio (Vittorio). Pauvre Jeanne, 1 vol. in-16; *Hachette et Cie*.

Biart (Lucien). Les Clientes du docteur Bernagius, 1 vol. in-18; *Plon, Nourrit et Cie*.

Bikélas (D.). Nouvelles grecques, 1 vol. in-18; *Firmin-Didot et Cie*.

Bulwer Lytton (Sir Edward). Rienzi, 2 vol. in-16; *Hachette et Cie*.

Bulwer Lytton. Les Derniers jours de Pompéi, 1 vol. in-16; *Hachette et Cie.*
— Le Dernier des barons, 2 vol. in-16; *Hachette et Cie.*
Caballero (Fernand). Nouvelles andalouses, 1 vol. in-16; *Hachette et Cie.*
Célières (Paul). Les Deux idoles, 1 vol. in-18; *Hennuyer.*
Cervantès. Don Quichotte de la Manche, édition abrégée, 1 vol. in-8°; *Hachette et Cie.*
Charton (Édouard). Nouvelles lectures de famille, 1 vol. in-8°; *Librairie du Magasin pittoresque.*
Cherbuliez (Victor). Meta Holdenis, 1 vol. in-16; *Hachette et Cie.*
— La Ferme du Choquart, 1 vol. in-16; *Hachette et Cie.*
— Aventures de Ladislas Bolski, 1 vol. in-16; *Hachette et Cie.*
Conscience (Henri). Histoire de deux enfants d'ouvriers, 1 vol. in-18; *Calmann Lévy.*
Conway (Hugh). Le Secret de la neige, 1 vol. in-16; *Hachette et Cie.*
Cooper (Fenimore). Le Dernier des Mohicans, 1 vol. in-8°; *Hachette et Cie.*
— La Prairie, 1 vol. in-8°; *Jouvet et Cie.*
— Le Pilote, 1 vol. in-8°; *Jouvet et Cie.*
— L'Espion, 1 vol. in-8°; *Jouvet et Cie.*
Cummins (Miss). L'Allumeur de réverbères, 1 vol. in-16; *Hachette et Cie.*
Currer Bell. Jane Eyre, 2 vol. in-16; *Hachette et Cie.*
— Shirley et Agnès Grey, 2 vol. in-16; *Hachette et Cie.*
Daudet (Alphonse). Contes du lundi, 1 vol. in-18; *Charpentier et Cie.*
— Lettres de mon moulin, 1 vol. in-12; *Lemerre.*
— Le petit Chose, 1 vol. in-18; *Charpentier et Cie.*
Dickens (Charles). Olivier Twist, 1 vol. in-16; *Hachette et Cie.*
— Contes de Noël, 1 vol. in-16; *Hachette et Cie.*
— David Copperfield, 2 vol. in-16; *Hachette et Cie.*
— Aventures de M. Pickwick, 2 vol. in-16; *Hachette et Cie.*
— Vie et aventures de Nicolas Nickleby, 2 vol. in-16; *Hachette et Cie.*
Dillaye (Frédéric). Les Héritiers de Jeanne d'Arc, 1 vol. in-8°; *Ch. Delagrave.*
Dumas (Alexandre). Les Trois mousquetaires, 2 vol. in-18; *Calmann Lévy.*
— Le Comte de Monte-Christo, 6 vol. in-18; *Calmann Lévy.*
— La Tulipe noire, 1 vol. in-18; *Calmann Lévy.*
— Impressions de voyage (Suisse), 3 vol. in-18; *Calmann Lévy.*
— Impressions de voyage. Le Carricolo, 2 vol. in-18; *Calmann Lévy.*
Ebers (G.). Les Sœurs, 1 vol. in-18; *Sandoz et Fischbacher.*
Eliot (George). Le Moulin sur la Floss, 2 vol. in-16; *Hachette et Cie.*
— Adam Bede, 2 vol. in-16, *Hachette et Cie.*
— Silas Marner. — Le tisserand de Raveloe, 1 vol. in-16; *Hachette et Cie.*
— Tribulations du Révérend A. Barton. — Roman de M. Gilfil, 1 vol. in-16; *Hachette et Cie.*
Erckmann-Chatrian. L'Ami Fritz, 1 vol. in-16; *Hachette et Cie.*
Fabre (Ferdinand). Barnabé, 1 vol. in-18; *Charpentier et Cie.*

Fabre (Ferdinand). Le Chevrier, 1 vol. in-18; *Charpentier et Cie*.

— Mon oncle Célestin, 1 vol. in-18; *Charpentier et Cie*.

Ferry (Gabriel). Les Coureurs des bois ou les Chercheurs d'or, 2 vol. in-16; *Hachette et Cie*.

Feuillet (Octave). Bellah, 1 vol. in-18; *Calmann Lévy*.

— Histoire de Sybille, 1 vol. in-18; *Calmann Lévy*.

— Le Journal d'une femme, 1 vol. in-18; *Calmann Lévy*.

— Le Roman d'un jeune homme pauvre, 1 vol. in-18; *Calmann Lévy*.

Féval (Paul). Le Loup blanc, 1 vol. in-12; *V. Palmé*.

Fistié (C.). L'Amour au village, 1 vol. in-18; *Paul Ollendorff*.

Foë (Daniel de). La Vie et les aventures de Robinson Crusoé, 1 vol. in-16; *Hachette et Cie*.

France (Anatole). Le Crime de Sylvestre Bonnard, 1 vol. in-18; *Calmann Lévy*.

— Le Livre de mon ami, 1 vol. in-18; *Calmann Lévy*.

Galland. Les Mille et une nuits de la jeunesse, 1 vol. in-18; *Garnier frères*.

Gaskell (M^{rs}). Nord et Sud, 2 vol. in-16; *Hachette et Cie*.

Gautier (Théophile). Le Capitaine Fracasse, 2 vol. in-18; *Charpentier et Cie*.

Girardin (J.). L'Oncle Placide, 1 vol. in-8°; *Hachette et Cie*.

— Les Braves gens, 1 vol. in-8°; *Hachette et Cie*.

Gogol (Nicolas). Les Âmes mortes, 2 vol. in-16; *Hachette et Cie*.

Goldsmith (Olivier). Le Vicaire de Wakefield, 1 vol. in-18; *Charpentier et Cie*.

Gréville (Henry). Dosia, 1 vol. in-18; *Plon, Nourrit et Cie*.

— A travers champs, — Autour d'un phare, 1 vol. in-18, *Plon, Nourrit et Cie*.

— Le Moulin Frappier, 2 vol. in-18; *Plon, Nourrit et Cie*.

Gustafsson (Richard). Autour du poêle, 1 vol. in-8°; *Firmin-Didot et Cie*.

Halévy (Ludovic). L'Abbé Constantin, 1 vol. in-18; *Calmann Lévy*.

Hoffmann. Contes fantastiques, 1 vol in-18; *Charpentier et Cie*.

Laboulaye (Édouard). Contes bleus, 1 vol. in-8°; *Jouvet et Cie*.

Lamartine (A. de). Le Tailleur de pierres de Saint-Point, 1 vol. in-16; *Jouvet-Hachette*.

— Geneviève. Histoire d'une servante, 1 vol. in-18; *Calmann Lévy*.

— Graziella, 1 vol. in-16; *Jouvet-Hachette*.

Loti (Pierre). Pêcheur d'Islande, 1 vol. in-18; *Calmann Lévy*.

Malot (Hector). Le Lieutenant Bonnet, 1 vol. in-18; *Charpentier et Cie*.

— Sans famille, 2 vol. in-18; *Dentu et Cie*.

Mérimée (Prosper). Colomba, 1 vol. in-18; *Calmann Lévy*.

Nodier (Charles). Contes fantastiques, 1 vol. in-18; *Charpentier et Cie*.

Ouida. Deux petits sabots, 1 vol. in-18; *Calmann Lévy*.

Perrault, Mme d'Aulnoy, Leprince de Beaumont. Contes de fées, 1 vol. in-16; *Hachette et Cie*.

Pouchkine. Eugène Onéghine, 1 vol. in-12; *Ghio*.

Pouvillon (Émile). Césette, 1 vol. in-12; *Lemerre*.

Reybaud (Louis). Jérôme Paturot à la recherche d'une position sociale, 1 vol. in-18: *Calmann Lévy.*

Sacher-Masoch. Le Nouveau Job, 1 vol. in-16; *Hachette et Cie.*

Sand (George). Le Château de Pic-Tordu, 1 vol. in-18; *Calmann Lévy.*

— Le Chêne parlant, 1 vol. in-18; *Calmann Lévy.*

— La Petite Fadette, 1 vol. in-18; *Calmann Lévy.*

— François le Champi, 1 vol. in-18; *Calmann Lévy.*

— La Mare au diable, 1 vol. in-18; *Calmann Lévy.*

— Lettres d'un voyageur, 1 vol. in-18; *Calmann Lévy.*

Sandeau (Jules). Le Docteur Herbeau, 1 vol. in-18; *Charpentier et Cie.*

— Madeleine, 1 vol. in-18; *Charpentier et Cie.*

— La Maison de Penarvan, 1 vol. in-18; *Charpentier et Cie.*

— La Roche aux mouettes, 1 vol. in-18; *Hetzel et Cie.*

— Sacs et Parchemins, 1 vol. in-18; *Calmann Lévy.*

— Mlle de la Seiglière, 1 vol. in-18; *Charpentier et Cie.*

— Jean de Thommeray, 1 vol. in-18; *Calmann Lévy.*

Scott (Walter). L'Antiquaire, 1 vol. in-8°; *Jouvet et Cie.*

— La fiancée de Lamermoor, 1 vol. in-8°; *Jouvet et Cie.*

— Guy Mannering, 1 vol. in-8°; *Jouvet et Cie.*

— Ivanhoë, 1 vol. in-8°; *Jouvet et Cie.*

— La Jolie fille de Perth, 1 vol. in-8°; *Jouvet et Cie.*

— Le Monastère, 1 vol in-8°; *Jouvet et Cie.*

— Le Nain noir, 1 vol. in-8°; *Jouvet et Cie.*

— Les Puritains d'Écosse, 1 vol. in-8°; *Jouvet et Cie.*

— Quentin Durward, 1 vol. in-8°; *Jouvet et Cie.*

— Redgauntlet, 1 vol. in-8°; *Jouvet et Cie.*

— Rob Roy, 1 vol. in-8°; *Jouvet et Cie.*

— Waverley, 1 vol. in-8°; *Jouvet et Cie.*

Soulié (Frédéric). Le Lion amoureux, 1 vol. in-18; *Calmann Lévy.*

Stahl (P.-J.). Maroussia, 1 vol. in-18; *Hetzel et Cie.*

Stevenson (R.-L.). L'Île au trésor, 1 vol. in-18; *Hetzel et Cie.*

Suë (Eugène). Les Mystères de Paris, 4 vol. in-18; *Marpon et Flammarion.*

Swift. Les Voyages de Gulliver, 1 vol. in-16; *Hachette et Cie.*

Tackeray (Miss). Sur la falaise, 1 vol. in-16; *Hachette et Cie.*

Tackeray (M. W.). La Foire aux vanités, 2 vol. in-16; *Hachette et Cie.*

Theuriet (André). Nouvelles, 1 vol. in-12; *Lemerre.*

— Le Mariage de Gérard, 1 vol. in-18; *Charpentier et Cie.*

— La Maison des Deux Barbeaux, 1 vol. in-18; *Paul Ollendorff.*

Tissot (André). Les Conteurs amusants, 1 vol. in-8°; *Ch. Delagrave.*

Tolstoï (Comte Léon). La Guerre et la Paix. 3 vol. in-16; *Hachette et Cie.*

— La Mort, 1 vol. in-12; *Perrin et Cie.*

— A la recherche du bonheur, 1 vol. in-12; *Perrin et Cie.*

Tolstoï. Les Cosaques, 1 vol. in-16; *Hachette et Cie*.

— Katia, 1 vol. in-12; *Perrin et Cie*.

Töpffer. Premiers voyages en zig-zag, 1 vol. in-8°; *Garnier frères*.

— Nouvelles genevoises, 1 vol. in-16; *Hachette et Cie*.

Tourgueneff (Ivan). Scènes de la vie russe, 1 vol. in-16; *Hachette et Cie*.

— Nouvelles scènes de la vie russe, 1 vol. in-16; *Hachette et Cie*.

— Pères et Enfants, 1 vol. in-18; *Charpentier et Cie*.

— Mémoires d'un seigneur russe, 1 vol. in-16. *Hachette et Cie*.

Ulbach (Louis). Monsieur et Madame Fernel, 1 vol. in-18; *Calmann Lévy*.

Verne (Jules). Michel Strogoff, 2 vol. in-18; *Hetzel et Cie*.

— Le Tour du monde en 80 jours, 1 vol. in-18; *Hetzel et Cie*.

Wyss (J.-R.). Le Robinson suisse, 1 vol. in-8°; *Hachette et Cie*.

IX. OUVRAGES DIVERS ET BIOGRAPHIES.

Barracand (Léon). Le Bonheur au village, 1 vol. in-8°; *Charavay, Mantoux et Cie*.

Charmes (Gabriel). Les Stations d'hiver de la Méditerranée, 1 vol. in-18; *Calmann Lévy.*

Delaitre (Ch.). La Fontaine, 1 vol. petit in-16; *Hachette et Cie*.

Delon (Ch.). Gutemberg, 1 vol. petit in-16; *Hachette et Cie*.

Delerot (E.). Gœthe, 1 vol. petit in-16; *Hachette et Cie*.

Demoulin (Mme G.). Montyon, 1 vol. petit in-16; *Hachette et Cie*.

Egger (E.). Histoire du livre depuis ses origines jusqu'à nos jours, 1 vol. in-18; *Hetzel et Cie*.

Gebhart (E.). Vie du Dante, 1 vol. petit in-16; *Hachette et Cie*.

Gossot (Émile). Mlle Sauvan, 1 vol. in-16; *Hachette et Cie*.

Legouvé (Ernest). La Lecture en action, 1 vol. in-18; *Hetzel et Cie*.

Maury (Alfred). Le Sommeil et les rêves, 1 vol. in-12; *Perrin et Cie*.

Muller (Eugène). La Forêt, 1 vol. gr. in-8°; *Ducrocq*.

Sebran (Marie). Journal d'une mère pendant le siège de Paris, 1 vol. in-12; *Perrin et Cie*.

HISTOIRE.

I. HISTOIRE GÉNÉRALE.

Crozals (J. de). Histoire de la civilisation. 2 vol. in-12; *Ch. Delagrave.*

Guizot. Histoire de la civilisation en Europe depuis la chute de l'Empire romain jusqu'à la Révolution française, 1 vol. in-12; *Perrin et Cie.*

Seignobos (Ch.). Histoire de la civilisation, 2 vol. in-18; *G. Masson.*

II. HISTOIRE ANCIENNE.

Berthelot (André). Les grandes scènes de l'histoire grecque, 1 vol. in-16; *Hachette et Cie.*

Boissier (Gaston). Cicéron et ses amis, 1 vol. in-16; *Hachette et Cie.*

— Promenades archéologiques. — Rome et Pompéi, 1 vol. in-16; *Hachette et Cie.*

Duruy (Victor). Histoire des Grecs depuis les temps les plus reculés jusqu'à la réduction de la Grèce en province romaine, les trois premiers vol. in-4°; *Hachette et Cie.* (Ouvrage en cours de publication.)

— Histoire des Romains depuis les temps les plus reculés jusqu'à l'invasion des barbares, 7 vol. in-4°; *Hachette et Cie.*

— Histoire romaine jusqu'à l'invasion des barbares, 1 vol. in-16; *Hachette et Cie.*

Fustel de Coulanges. La Cité antique, 1 vol. in-16; *Hachette et Cie.*

Maspero (G.). Histoire ancienne des peuples de l'Orient, 1 vol. in-16; *Hachette et Cie.*

Menant (Joachim). Ninive et Babylone, 1 vol. in-16; *Hachette et Cie.*

Ménard (Louis). Histoire des Grecs, 1 vol. in-12; *Ch. Delagrave.*

Michelet (J.). Histoire romaine. — République, 2 vol. in-18; *Calmann Lévy.*

Plutarque. Vie des Grecs illustres, 1 vol. in-16; *Hachette et Cie.*

— Vie des Romains illustres, 1 vol. in-16; *Hachette et Cie.*

Ville de Mirmont (H. de La). Mythologie élémentaire des Grecs et des Romains, 1 vol. in-16; *Hachette et Cie.*

Zeller (Jules). Les Empereurs romains, 1 vol. in-12; *Perrin et Cie.*

III. HISTOIRE DE FRANCE.

Bonnechose (Charles de). Montcalm et le Canada français, 1 vol. in-16; *Hachette et Cie.*

Bonnemère (Eugène). Histoire des paysans, 3 vol. in-12; *Fischbacher.*

Bordier (Henri) et **Édouard Charton.** Histoire de France, 2 vol. in-8°; *Bureaux du Magasin pittoresque.*

Carnot (H.). La Révolution française, 1 vol. in-12; *Félix Alcan.*

Chalamet (Antoine). Les Français au Canada, 1 vol. in-8°; *Picard et Kaân.*

Chanzy (Général). La deuxième armée de la Loire, 1 vol. in-18; *Plon, Nourrit et Cie.*

Chéruel (A.). Dictionnaire historique des institutions, mœurs et coutumes ·de la France, 2 vol. in-16; *Hachette et Cie.*

Clément (Pierre). Jacques-Cœur et Charles VII, 1 vol. in-12; *Perrin et Cie.*

— Histoire de Colbert et de son administration, 2 vol. in-12; *Perrin et Cie.*

— Enguerrand de Marigny. — Beaune de Semblançay. — Le chevalier de Rohan, 1 vol. in-12; *Perrin et Cie.*

Coignet (Mme C.). François Ier, 1 vol. in-8°; *Plon, Nourrit et Cie.*

Decrue de Stoutz (Francis). La cour de France et la société au xvie siècle, 1 vol. in-18; *Firmin-Didot et Cie.*

Despois (Eugène). Le Vandalisme révolutionnaire, 1 vol. in-16; *Félix Alcan.*

Desprez (Claude). Les armées de Sambre-et-Meuse, 1 vol. in-18; *Baudouin et Cie.*

Duruy (Victor). Histoire de France, 2 vol. in-16; *Hachette et Cie.*

Dussieux (L.). Les grands faits de l'histoire de France racontés par les contemporains, 8 vol. in-12; *V. Lecoffre.*

— L'armée en France, 3 vol. in-18; *L. Bernard* (Versailles).

— Le Canada sous la domination française, 1 vol. in-12; *V. Lecoffre.*

Fabre (Joseph). Procès de réhabilitation de Jeanne d'Arc, 2 vol. in-12; *Ch. Delagrave.*

Fezensac (Le duc de). Souvenirs militaires : de 1801 à 1814, 1 vol. in-12; *Dumaine et Cie.*

Froissart. Chroniques, 1 vol. in-18; *Firmin-Didot et Cie.*

Gasquet (A.). Précis des institutions politiques et sociales de l'ancienne France, 2 vol. in-16; *Hachette et Cie.*

Guizot. Histoire de la civilisation en France depuis la chute de l'empire romain, 4 vol. in-12; *Perrin et Cie.*

— Histoire de France, depuis les temps les plus reculés jusqu'en 1789, racontée à mes petits-enfants, 5 vol. in-4°; *Hachette et Cie.*

Hauréau (B.). Charlemagne et sa cour, 1 vol. in-16; *Hachette et Cie.*

Jalliffier (R.). Histoire des États généraux (1302-1614), 1 vol. in-12; *Léopold Cerf.*

Joinville. Histoire de saint Louis (Edition DE WAILLY), 1 vol. in-16; *Hachette et Cie.*

Jurien de La Gravière. Guerres maritimes sous la République et l'Empire, 2 vol. in-18; *Charpentier et Cie.*

Lalanne (Ludovic). Dictionnaire historique de la France, 1 vol. grand in-8°; *Hachette et Cie.*

Lanfrey (P.). Histoire de Napoléon Ier, 5 vol. in-18; *Charpentier et Cie.*

Lehugeur (Paul). Louvois et l'armée française sous Louis XIV, 1 vol. petit in-16; *Hachette et Cie.*

Loir (Maurice). L'escadre de l'amiral Courbet, 1 vol. in-12; *Berger-Levrault.*

Loyal Serviteur. Histoire du gentil seigneur de Bayart composée par le loyal serviteur, 1 vol. in-16; *Hachette et Cⁱⁱ.*

Luce (Siméon). Histoire de Bertrand du Guesclin et de son époque. La jeunesse de Bertrand (1320-1364), 1 vol. in-16; *Hachette et Cⁱⁱ.*

Luchaire (Achille). Philippe Auguste, 1 vol. in-16; *Hachette et Cⁱⁱ.*

Martin (Henri). Histoire de France depuis les temps les plus reculés jusqu'en 1789, 17 vol. in-8°; *Jouvet et Cⁱⁱ.*

— Histoire de France populaire depuis les temps les plus reculés jusqu'à nos jours, 7 vol. grand in-8°; *Jouvet et Cⁱⁱ.*

— Jeanne d'Arc, 1 vol. in-16; *Jouvet et Cⁱⁱ.*

Mazade (De). La guerre de France (1870-1871), 2 vol. in-8°; *Plon, Nourrit et Cⁱⁱ.*

Michelet (J.). Les Croisades (1095-1270), 1 vol. in-16; *Hetzel et Cⁱⁱ.*

— Jeanne d'Arc, 1 vol. in-16; *Hachette et Cⁱⁱ.*

— Louis XI et Charles le Téméraire, 1 vol. in-16; *Hachette et Cⁱⁱ.*

— François Iᵉʳ et Charles-Quint, 1 vol. in-16; *Hetzel et Cⁱⁱ.*

— Henri IV (1553-1610), 1 vol in-16; *Hetzel et Cⁱⁱ.*

— Abrégé d'histoire de France (Moyen âge), 1 vol. in-18; *Marpon et Flammarion.*

— Abrégé d'histoire de France (Temps modernes), 1 vol. in-18; *Marpon et Flammarion.*

— Extraits historiques, 1 vol. in-18; *A. Colin et Cⁱⁱ.*

Mignet. Histoire de la Révolution française depuis 1789 jusqu'en 1814; 2 vol. in-12; *Perrin et Cⁱⁱ. — Firmin-Didot et Cⁱⁱ.*

Perrens (F.-T.). La démocratie en France au moyen âge, 2 vol. in-12; *Perrin et Cⁱⁱ.*

Picot (Georges). Histoire des États généraux, 5 vol. in-16; *Hachette et Cⁱⁱ.*

Pigeonneau (H.). Histoire du commerce de la France. — Tome I. Depuis les origines jusqu'à la fin du XVᵉ siècle, 1 vol. in-8°; *L. Cerf.*

— Histoire du commerce de la France. — Tome II. Le XVIᵉ siècle, 1 vol. in-8°; *L. Cerf.*

Quicherat (J.). Histoire du costume en France, 1 vol. in-8°; *Hachette et Cⁱⁱ.*

Quinet (Edgar). La Révolution, 3 vol. in-12; *Félix Alcan.*

— Histoire de la campagne de 1815, 1 vol. in-18; *Félix Alcan.*

Rambaud (Alfred). Histoire de la Révolution française (1789-1799), 1 vol. in-16; *Hachette et Cⁱⁱ.*

— Histoire de la civilisation française depuis les origines jusqu'à la Révolution, 2 vol. in-18; *A. Colin et Cⁱⁱ.*

Rocquain (Félix). Études sur l'ancienne France, 1 vol. in-12; *Perrin et Cⁱⁱ.*

Rosières (Raoul). Histoire de la Société française au moyen âge, 2 vol. in-8°; *Laisney.*

Rousset (Camille). Histoire de Louvois et de son administration civile et militaire, 4 vol. in-12; *Perrin et Cⁱⁱ.*

Rousset (Camille). Les commencements d'une conquête. L'Algérie de 1830 à 1840, 2 vol. in-8° et un atlas; *Plon, Nourrit et C*^{ie}.

— La conquête de l'Algérie (1841-1857), 2 vol. in-8° et un atlas; *Plon, Nourrit et C*^{ie}.

Saint-Simon. Le régent et la cour de France sous la minorité de Louis XV, 1 vol. in-16; *Hachette et C*^{ie}.

Ségur (Général comte de). Histoire de Napoléon et de la Grande Armée en 1812, 2 vol. in-8°; *Delaroque aîné*.

Thierry (Augustin). Lettres sur l'histoire de France, 1 vol. in-16; *Jouvet et C*^{ie}.

— Récits des temps mérovingiens, 1 vol. in-4°; *Lecène et Oudin*.

Thiers (A.). Histoire de la Révolution française, du Consulat et de l'Empire, 7 vol. grand in-8°; *Jouvet et C*^{ie}.

Vaulabelle (A. de). 1815. Ligny-Waterloo, 1 vol. in-18; *Garnier frères*.

Vitet (L.). La Ligue, précédée des États d'Orléans, 2 vol. in-18; *Calmann Lévy*.

Voltaire. Siècle de Louis XIV, 1 vol. in-16; *Hachette et C*^{ie}.

IV. HISTOIRES ÉTRANGÈRES.

Blanc (Louis). Lettres sur l'Angleterre, 4 vol. in-8°; *Librairie Internationale*.

Dændliker (Dr **K.).** Histoire du peuple suisse, 1 vol. in-8°; *Félix Alcan*.

Dronsart (Mme **Marie).** Le Prince de Bismarck, sa vie et son œuvre, 1 vol. in-18; *Calmann Lévy*.

Gebhart (Émile). De l'Italie. Essais de critique et d'histoire, 1 vol. in-16; *Hachette et C*^{ie}.

Green (John Richard). Histoire du peuple anglais (traduction par M. Auguste Monod), 2 vol. in-8°; *Plon, Nourrit et C*^{ie}.

Guizot. Études sur la Révolution d'Angleterre. Portraits politiques, 1 vol. in-12; *Perrin et C*^{ie}.

Jonquière (Vicomte A. de La). Histoire de l'Empire ottoman, depuis les origines jusqu'au traité de Berlin, 1 vol. in-16; *Hachette et C*^{ie}.

Laboulaye (Édouard). Histoire des États-Unis, 3 vol. in-18; *Charpentier et C*^{ie}.

Lavisse (Ernest). Trois empereurs d'Allemagne : Guillaume Ier, Frédéric III, Guillaume II, 1 vol. in-12; *A. Colin et C*^{ie}.

— Essai sur l'Allemagne impériale, 1 vol. in-16; *Hachette et C*^{ie}.

— Études sur l'histoire de Prusse, 1 vol. in-16; *Hachette et C*^{ie}.

Léger (Louis). Histoire de l'Autriche-Hongrie, depuis les origines jusqu'à l'année 1889; 1 vol. in-16; *Hachette et C*^{ie}.

Macaulay (T.-B.). Histoire d'Angleterre, depuis l'avènement de Jacques II, 2 vol. in-18; *Charpentier et C*^{ie}.

Maze (Hippolyte). La République des États-Unis et la France, 1 vol. in-12; *Librairie centrale des publications populaires*.

Mignet. Charles-Quint, 1 vol. in-12; *Perrin et C*^{ie}.

Quinet (Edgar). Les Révolutions d'Italie, 1 vol. in-18, *Félix Alcan.*

Rambaud (Alfred). Histoire de la Russie, depuis les origines jusqu'à l'année 1884, 1 vol. in-16; *Hachette et Cie.*

Thierry (Augustin). Histoire de la conquête de l'Angleterre par les Normands, 4 vol. in-16; *Jouvet et Cie.*

Tocqueville (Alexis de). La Démocratie en Amérique, 3 vol. in-8°; *Calmann Lévy.*

Véron (Eug.). Histoire de la Prusse, depuis la mort de Frédéric II jusqu'à la bataille de Sadowa, 1 vol. in-18; *Félix Alcan.*

— Histoire de l'Allemagne depuis la bataille de Sadowa, 1 vol. in-18; *Félix Alcan.*

Voltaire. Histoire de Charles XII, 1 vol. in-16; *Hachette et Cie.*

Zeller (Jules). Histoire résumée de l'Allemagne et de l'Empire germanique. Leurs institutions au moyen âge, 1 vol. in-12; *Perrin et Cie.*

— Histoire abrégée de l'Italie, depuis la chute de l'Empire romain jusqu'à la fondation du royaume italien, 1 vol. in-16; *Hachette et Cie.*

V. BIOGRAPHIES, MÉMOIRES ET OUVRAGES DIVERS.

Anonyme (d'après Lacroix). L'ancienne France. — L'armée depuis le moyen âge jusqu'à la Révolution, 1 vol. in-8°; *Firmin-Didot et Cie.*

— L'ancienne France. — La chevalerie et les croisades, 1 vol. in-8°; *Firmin-Didot et Cie.*

— L'ancienne France. — L'école et la science jusqu'à la Renaissance, 1 vol. in-8°; *Firmin-Didot et Cie.*

— L'ancienne France. — Henri IV et Louis XIII, 1 vol. in-8°; *Firmin-Didot et Cie.*

— L'ancienne France. — La justice et les tribunaux. — Impôts. — Monnaies. — Finances, 1 vol. in-8°; *Firmin-Didot et Cie.*

— L'ancienne France. — La marine et les colonies. — Commerce, 1 vol. in-8°; *Firmin-Didot et Cie.*

Aubigné (D'). Vie de Kléber, 1 vol. petit in-16; *Hachette et Cie.*

Bardoux (A.). La Bourgeoisie française, 1 vol. in-8°; *Calmann Lévy.*

Barracand (Léon). Un village au XIIe et au XIXe siècle, 1 vol. in-8°; *Librairie d'éducation de la jeunesse.*

Bernard (Frédéric). Les Fêtes célèbres, 1 vol. in-16; *Hachette et Cie.*

Bibesco (Prince Georges). Au Mexique (1862). — Combats et retraite des Six Mille, 1 vol. in-8°; *Plon, Nourrit et Cie.*

Boissonnas (Mme B.). Une famille pendant la guerre (1870-1871), 1 vol. in-18; *Hetzel et Cie.*

Bondois (Paul). Villars et Catinat, 1 vol. in-8°; *Picard et Kaân.*

— Necker, 1 vol. in-12; *Picard et Kaân.*

Bournon (Fernand). Paris (Histoire, monuments, administration, environs de Paris), 1 vol. in-8°; *A. Colin et Cie.*

Chabrier (Albert). Les Orateurs politiques de la France, 1 vol. in-16, *Hachette et Cie*.

Chuquet (Arthur). Le général Chanzy (1823-1883), 1 vol. in-12 ; *L. Cerf.*

Coignet. Les Cahiers du capitaine Coignet (1799-1815), 1 vol. in-16 ; *Hachette.et Cie*.

Corréard (F.). Desaix, 1 vol. petit in-16 ; *Hachette et Cie*.

Cousin (Victor). La Jeunesse de Mme de Longueville, 1 vol. in-12 ; *Perrin et Cie*.

— Madame de Chevreuse, 1 vol. in-12 ; *Perrin et Cie*.

Coutret (J.). Kléber, 1 vol. petit in-16 ; *Hachette et Cie*.

Daryl (Philippe). La Vie publique en Angleterre, 1 vol. in-18° ; *Hetzel et Cie*.

Debidour (A.). Histoire de Duguesclin, 1 vol. in-16 ; *Hachette et Cie*.

Delon (C.). Les Paysans. — Histoire d'un village avant la Révolution. 1 vol. in-8° ; *Librairie d'éducation de la jeunesse.*

Deschanel (Paul). Orateurs et hommes d'État, 1 vol. in-18 ; *Calmann Lévy.*

— Figures de femmes, 1 vol. in-18 ; *Calmann Lévy.*

Deschanel (Émile). Benjamin Franklin, 1 vol. in-16 ; *Hachette et Cie*.

Desprez (Claude). Le maréchal Ney, 1 vol. in-16 ; *Hachette et Cie*.

Fabre (Joseph). Washington, libérateur de l'Amérique, 1 vol. in-12 ; *Ch. Delagrave.*

Feillet (Alphonse). La misère au temps de la Fronde et Saint-Vincent-de-Paul ; 1 vol. in-12 ; *Perrin et Cie*.

Franklin (Alfred). La vie privée d'autrefois. — L'annonce et la réclame. — Les Cris de Paris, 1 vol. in-12 ; *Plon, Nourrit et Cie*.

— La vie privée d'autrefois. — La cuisine, 1 vol. in-12 ; *Plon, Nourrit et Cie*.

— La vie privée d'autrefois. — La mesure du temps, 1 vol. in-12 ; *Plon, Nourrit et Cie*.

Girardin (J.). Necker, 1 vol. petit in-16 ; *Hachette et Cie*.

Grimaux (Ed.). Lavoisier (1743-1794), 1 vol. in-8° ; *Félix Alcan.*

Guillon (E.). Les généraux de la République, 1 vol. in-8° ; *Librairie d'éducation de la jeunesse.*

Hamont (Tibulle). Un essai d'empire français dans l'Inde au xviiie siècle. — Dupleix, 1 vol. in-8° ; *Plon, Nourrit et Cie*.

— La Fin d'un empire français aux Indes sous Louis XV. — Lally-Tollendal, 1 vol. in-8° ; *Plon, Nourrit et Cie*.

Janet (Paul). Philosophie de la Révolution française, 1 vol. in-18 ; *Félix Alcan.*

Jouault (Alphonse). Abraham Lincoln. — Sa jeunesse et sa vie politique, 1 vol. in-16 ; *Hachette et Cie*.

Jurien de La Gravière. L'amiral Baudin, 1 vol. in-18 ; *Plon, Nourrit et Cie*.

Lacombe (P.). Les armes et les armures, 1 vol. in-16 ; *Hachette et Cie*.

Langlois (Ch.-V.). Saint Louis, 1 vol. in-16 ; *Hachette et Cie*.

La Roncière le Noury (Baron de). La Marine au siège de Paris, 1 vol. in-8° et un atlas ; *Plon, Nourrit et Cie*.

Lavisse (Ernest). Sully, 1 vol. in-16 ; *Hachette et Cie*.

Lecène (Paul). Les Marins français (1793-1815), 1 vol. in-8° ; *Librairie d'éducation de la jeunesse.*

Lee Childe (Mme). Le général Lee, 1 vol. in-16; *Hachette et Cie.*

Lefebvre (Dr René). Paris en Amérique; 1 vol. in-18; *Charpentier et Cie.*

Legouvé (Ernest). Soixante ans de souvenirs, 4 vol. in-18; *Hetzel et Cie.*

Lehugeur (Paul). Mahomet, 1 vol. petit in-16; *Hachette et Cie.*

— Charles XII, 1 vol. petit in-16; *Hachette et Cie.*

Leroy-Beaulieu (Anatole). L'Empire des tsars et les Russes, 2 vol. in-8°; *Hachette et Cie.*

Lindenlaud. Mirabeau, 1 vol. petit in-16; *Hachette et Cie.*

Macaulay. Histoire et critique, 1 vol. in-18; *Hetzel et Cie.*

Maze (Hippolyte). Le général F.-L. Marceau, 1 vol. in-8°; *H.-S. Martin.*

— Les généraux de la République, 1re série : Kléber, Hoche, Marceau, 1 vol. in-8°; *Librairie centrale des publications populaires.*

Menault (Ernest). Suger, 1 vol. in-16; *Hachette et Cie.*

Mérimée (Prosper). Chronique du règne de Charles IX, 1 vol. in-18; *Calmann Lévy.*

Meyret. Carnet d'un prisonnier de guerre, 1 vol. in-12; *Lecène et Oudin.*

Mézières. Récits de l'invasion. — Alsace et Lorraine, 1 vol. in-12; *Perrin et Cie.*

Mignet. Études historiques. — La Germanie aux viiie et ixe siècles. — Formation de la France. — Établissement de la Réforme à Genève. — Introduction à l'histoire de la succession d'Espagne, 1 vol. in-12; *Perrin et Cie.*

— Vie de Franklin, 1 vol. in-12; *Perrin et Cie.*

Petit (Maxime). Les Sièges célèbres de l'antiquité, du moyen âge et des temps modernes, 1 vol. in-16; *Hachette et Cie.*

Retz (Cardinal de). Mémoires. Édition abrégée et annotée par Alphonse FEILLET, 1 vol. in-16; *Hachette et Cie.*

Rousselet (Louis). Nos grandes écoles militaires et civiles, 1 vol. in-8°; *Hachette et Cie.*

Saint-Simon (Duc de). Scènes et portraits choisis dans les mémoires authentiques, par Eug. DE LANNEAU, 2 vol. in-16; *Hachette et Cie.*

— Parallèle des trois premiers rois bourbons, 1 vol. in-8°; *Hachette et Cie.*

Say (Léon). Turgot, 1 vol. in-16; *Hachette et Cie.*

Sorel (Albert). Essais d'histoire et de critique, Metternich, Talleyrand, Mirabeau, etc., 1 vol. in-12; *Plon, Nourrit et Cie.*

— L'Europe et la Révolution française, 2 vol. in-8°; *Plon, Nourrit et Cie.*

Staël (Mme de). Considérations sur la Révolution française, 2 vol. in-18; *Charpentier et Cie.*

Taine (H.). Notes sur l'Angleterre, 1 vol. in-16; *Hachette et Cie.*

Tessier (Jules). Étienne Marcel, 1 vol. in-8°; *Picard et Kaân-Maurice Dreyfous.*

Thierry (Amédée). Derniers temps de l'Empire d'Occident, 1 vol. in-12; *Perrin et Cie.*

Thierry (Augustin). Essai sur l'histoire de la formation et des progrès du Tiers-État, suivi de fragments du recueil des monuments inédits de cette histoire, 2 vol. in-16; *Jouvet et Cie.*

Thoumas (Ch.). Les Capitulations. Étude d'histoire militaire sur la responsabilité du commandement, 1 vol. in-18; *Berger-Levrault.*

Van den Berg. Jules César, 1 vol. petit in-16 ; *Hachette et Cie.*

Villars (Maréchal de). Mémoires. — Publiés d'après le manuscrit original par la Société de l'Histoire de France et accompagnés de correspondances inédites par M. le marquis DE VOGÜÉ, 2 vol. in-8°; *Loones.*

Villehardouin (Geoffroi de). Histoire de la conquête de Constantinople, avec la continuation de Henri de Valenciennes. Texte rapproché du français moderne et mis à la portée de tous par M. Natalis DE WAILLY, 1 vol. in-16; *Hachette et Cie.*

Villemain. Vie du chancelier de L'Hôpital, 1 vol. in-12; *Perrin et Cie.*

Young (Arthur). Voyages en France pendant les années 1787, 1788 et 1789, traduction par H.-J. LESAGE, 2 vol. in-8°; *Guillaumin et Cie.*

Zeller (Jules). Entretiens sur l'histoire du moyen âge, 3 vol. in-12; *Perrin et Cie.*

— Italie et Renaissance. — Politique. — Lettres. — Arts, 2 vol. in-12; *Perrin et Cie.*

GÉOGRAPHIE.

___

I. ATLAS ET GÉOGRAPHIE GÉNÉRALE.

Anonyme. Atlas manuel de géographie moderne, 1 vol. in-folio; *Hachette et Cie*.

Bainier (P.-F.). La Géographie appliquée à la marine, au commerce, à l'agriculture, à l'industrie et à la statistique. — Afrique, 1 vol. gr. in-8°; *Vve Belin et fils*.

Blaise (Paul). Le Congo, 1 vol. in-8°; *Lecène et Oudin*.

Cortambert (E.). Nouvel atlas de géographie ancienne, du moyen âge et moderne. 1 vol. in-4°; *Hachette et Cie*.

Daireaux (Émile). La Vie et les Mœurs à la Plata, 2 vol. in-8°; *Hachette et Cie*.

Dubarry (Armand). La Mer, 1 vol. in-16; *Jouvet et Cie*.

Dupaigne (Albert). Les Montagnes, 1 vol. in-8°; *A. Mame et fils* (Tours).

Fontpertuis (Ad.-F. de). Les États latins de l'Amérique, 1 vol. in-8°; *Librairie générale de vulgarisation*.

— Les États-Unis de l'Amérique septentrionale, 1 vol. in-8°; *Guillaumin et Cie*.

Grad (Charles). L'Alsace. Le pays et ses habitants, 1 vol. in-4°; *Hachette et Cie*.

Lanier (L.). L'Afrique, 1 vol. in-12; *Vve Belin et fils*.

— L'Amérique, 1 vol. in-12; *Vve Belin et fils*.

— L'Asie, 1 vol. in-12; *Vve Belin et fils*.

— L'Europe (sans la France), 1 vol. in-12; . *Vve Belin et fils*.

Léger (Louis). La Save, le Danube et le Balkan, 1 vol. in-12; *Plon, Nourrit et Cie*.

Maury (M.-F.). Géographie physique, 1 vol. in-18; *Hetzel et Cie*.

Meunier (Mme Stanislas). Les Sources, 1 vol. in-16; *Hachette et Cie*.

Millet (E.). Les Merveilles des fleuves et des ruisseaux, 1 vol. in-16; *Hachette et Cie*.

Petit (Maxime). La Mer et la Marine, 1 vol. in-8°; *Hachette et Cie*.

Reclus (Élisée). Nouvelle géographie universelle, 14 volumes in-8°; *Hachette et Cie*. (Ouvrage en cours de publication.)

— Histoire d'une montagne, 1 vol. in-18; *Hetzel et Cie*.

— Histoire d'un ruisseau, 1 vol. in-18; *Hetzel et Cie*.

— Les Phénomènes terrestres, 2 vol. in-18; *Hachette et Cie*.

Reclus (Onésime). La Terre à vol d'oiseau, 1 vol. in-8°; *Hachette et Cie*.

Simonin (L.). Les Ports de la Grande-Bretagne, 1 vol. in-16; *Hachette et Cie*.

Varigny (E. de). L'Océan Pacifique, 1 vol. in-16; *Hachette et Cie*.

Vidal-Lablache (Paul). Marco Polo, son temps et ses voyages, 1 vol. in-8°; *Ha-chette et Cie*.

— États et Nations de l'Europe. — Autour de la France, 1 vol. in-12; *Ch. De-lagrave*.

Vivien de Saint-Martin (M.). Histoire de la géographie et des découvertes géogra-phiques depuis les temps les plus reculés jusqu'à nos jours, 1 vol. in-8°; *Hachette et Cie*.

II. GÉOGRAPHIE DE LA FRANCE ET DE SES COLONIES.

Aubert (Ch.-F.). (V. Vattier d'Ambroyse). Le Littoral de la France, 6 vol. in-4°; *Victor Palmé*.

Bouinais (A.) et Paulus (A.). L'Indo-Chine française contemporaine, 2 vol. in-8°; *Challamel aîné*.

Denys de Rivoyre. Les Français à Obock, 1 vol. in-8°; *Picard et Kaân-Maurice Dreyfous*.

Duval (Jules). Notre pays, 1 vol. in-16; *Hachette et Cie*.

Font-Réaulx (H. de). Riquet et le Canal des deux mers, 1 vol. in-8°; *Ch. Delagrave*.

Génin (E.). Madagascar. — Îles Comores. — Maurice. — La Réunion, etc., 1 vol. in-8°; *Librairie générale de vulgarisation*.

Girard (Jules). Les Rivages de la France. — Côtes de la Manche et de l'Océan. — Autrefois et aujourd'hui, 1 vol. in-8°; *Ch. Delagrave*.

Hue (Fernand) et Haurigot (Georges). Nos grandes colonies. — Afrique, 1 vol. in-12; *Lecène et Oudin*.

— Nos grandes colonies. — Amérique, 1 vol. in-12;.*Lecène et Oudin*.

— Nos petites colonies, 1 vol. in-12; *Lecène et Oudin*.

Joanne (Adolphe). Géographie du département de l'Ain, 1 vol. in-16; *Hachette et Cie*.

— Géographie du département de la Seine, 1 vol. in-16; *Hachette et Cie*.

Le Brun-Renaud. Les Possessions françaises de l'Afrique occidentale, 1 vol. in-12; *Baudouin et Cie*.

Le Chartier (H.). Tahiti et les colonies françaises de la Polynésie, 1 vol. in-16; *Jouvet et Cie*.

Rambaud (Alfred). La France coloniale, 1 vol. in-8°; *A. Colin et Cie*.

Reclus (Onésime). France, Algérie et colonies, 1 vol. in-16; *Hachette et Cie*.

III. VOYAGES.

Albertis (L.-M. d'). La Nouvelle-Guinée, 1 vol. in-16; *Hachette et Cie*.

Amicis (Edmondo de). L'Espagne, 1 vol. in-16; *Hachette et Cie*.

Amicis (Edmondo de). La Hollande, 1 vol. in-16; *Hachette et Cie*.

— Constantinople, 1 vol. in-16; *Hachette et Cie*.

Baker (Sir S.-White). Exploration du haut Nil. — Abrégé, par H. Vattemare, 1 vo¹. in-8°; *Hachette et Cie*.

Baldwin (W.-C.). Récits de chasse. — Du Natal au Zambèze. — Abrégé, par H. Vattemare, 1 vol. in.8°; *Hachette et Cie*.

Beauvoir (Comte de). Voyage autour du monde, 3 volumes in-18; *Plon, Nourrit et Cie*.

Belle (Henri). Trois années en Grèce, 1 vol. in-16; *Hachette et Cie*.

Bonvalot (Gabriel). En Asie centrale. — Du Kohistan à la Caspienne, 1 vol, in-18; *Plon, Nourrit et Cie*.

— En Asie centrale. — De Moscou en Bactriane, 1 vol. in-18; *Plon, Nourrit et Cie*.

Boulangier (Edgar). Voyage à Merv, 1 vol. in-16; *Hachette et Cie*.

Bourde (Paul). De Paris au Tonkin, 1 vol. in-18; *Calmann Lévy*.

Brosselard (Henri). Les deux missions Flatters, 1 vol. in-16; *Jouvet et Cie*.

Charmes (Gabriel). Une Ambassade au Maroc, 1 vol. in-18; *Calmann Lévy*.

— La Tunisie et la Tripolitaine, 1 vol. in-18; *Calmann Lévy*.

— Voyage en Palestine. — Impressions et souvenirs, 1 vol. in-18; *Calmann Lévy*.

— Cinq mois au Caire, 1 vol. in-18; *Calmann Lévy*.

Colomb. Vie et Voyages de Christophe Colomb, d'après Washington Irving, 1 vol. in-8°; *Hachette et Cie*.

— Voyages et découvertes des compagnons de Colomb, d'après Washington Irving, 1 vol. in-8°; *Hachette et Cie*.

Cook. Premier voyage du capitaine Cook autour du monde, 1 vol. in-18; *Maurice Dreyfous*.

— Deuxième voyage du capitaine Cook autour du monde, 1 vol. in-18; *Maurice Dreyfous*.

Cotteau (Edmond). En Océanie, 1 vol. in-16; *Hachette et Cie*.

— De Paris au Japon à travers la Sibérie, 1 vol. in-16; *Hachette et Cie*.

— Un Touriste dans l'Extrême Orient : Japon, Chine, Indo-Chine et Tonkin, 1 vol. in-16; *Hachette et Cie*.

Crevaux (Dr J.). Voyages dans l'Amérique du Sud, 1 vol. in-4°; *Hachette et Cie*.

Davin (Albert). 50,000 milles dans l'Océan Pacifique, 1 vol. in-18; *Plon, Nourrit et Cie*.

Erckmann (Jules). Le Maroc moderne, 1 vol. in-8°; *Challamel aîné*.

Fromentin (Eugène). Un Été dans le Sahara, 1 vol. in-18; *Plon, Nourrit et Cie*.

— Une Année dans le Sahel, 1 vol. in-18; *Plon, Nourrit et Cie*.

Hayes (J.). La Mer libre du pôle. Abrégé par J. Belin de Launay, 1 vol. in-16; *Hachette et Cie*.

Hervé (A.) et **De Lanoye (F.)**. Voyages dans les glaces du pôle Arctique, 1 vol. in-16; *Hachette et Cie*.

Hübner (Baron de). Promenade autour du monde, 2 vol. in-16; *Hachette et Cie*.

Joanne. Itinéraire général de la France : Auvergne et Centre, Bretagne, les Cévennes, Champagne et Ardennes, Corse, Gascogne et Languedoc, Franche-Comté et Jura, Jura et Alpes françaises, Dauphiné et Hautes-Alpes, la Loire, le Nord, Normandie, la Loire et la Gironde, les Pyrénées, Provence, Jura et Alpes françaises, Savoie, les Vosges, 16 volumes in-16; *Hachette et Cie.*

Labonne (Dr Henry). L'Islande et l'Archipel de Fœrœer, 1 vol. in-16; *Hachette et Cie.*

Lamothe (H. de). Cinq mois chez les Français d'Amérique. — Voyage au Canada, 1 vol. in-16; *Hachette et Cie.*

Lande (L.-Louis). Basques et Navarrais. — Souvenirs, 1 vol. in-12; *Perrin et Cie.*

Leclercq (Jules). La Terre des merveilles, 1 vol. in-16; *Hachette et Cie.*

— Voyage au Mexique. — De New-York à Vera-Cruz, 1 vol. in-16; *Hachette et Cie.*

Lenz (Dr Oskar). Timbouctou, voyage au Maroc, au Sahara et au Soudan, 2 vol. in-8°; *Hachette et Cie.*

Levasseur (E.). Les Alpes et les grandes ascensions, 1 vol. gr. in-8°; *Ch. Delagrave.*

Livingstone (David et Charles). Explorations dans l'Afrique australe et dans le bassin du Zambèze, depuis 1840 jusqu'en 1864, 1 vol. in-16; *Hachette et Cie.*

Marin La Meslée (E.). L'Australie nouvelle, 1 vol. in-18; *Plon, Nourrit et Cie.*

Mayet (Valéry). Voyage dans le sud de la Tunisie. 1 vol. in-18; *Challamel aîné.*

Montano (Dr J.). Voyage aux Philippines et en Malaisie. 1 vol. in-16; *Hachette et Cie.*

Montégut (Émile). Les Pays-Bas, 1 vol. in-16; *Hachette et Cie.*

— Tableaux de la France. — En Bourgogne et en Forez. — Souvenirs de Bourgogne, 2 vol. in-16; *Hachette et Cie.*

Nordenskiold (A.-E.). Voyage de la Vega autour de l'Asie et de l'Europe, 2 vol. in-8°; *Hachette et Cie.*

Piesse. Algérie et Tunisie (collection des Guides Joanne), 1 vol. in-16; *Hachette et Cie.*

Reclus (Armand). Panama et Darien, 1876-1878, 1 vol. in-16; *Hachette et Cie.*

Robiano (Comte Eug. de). Dix-huit mois dans l'Amérique du Sud, 1 vol. in-18; *Plon, Nourrit et Cie.*

Rousset (Léon). A travers la Chine, 1 vol. in-16; *Hachette et Cie.*

Saussure (H.-B. de). Voyages dans les Alpes, 1 vol. in-18; *Fischbacher.*

Stanley (Henry-M.). Cinq années au Congo, 1879-1884, 1 vol. in-8°; *Maurice Dreyfous.*

Taine (H.). Voyage aux Pyrénées, 1 vol. in-16; *Hachette et Cie.*

Thomson (Joseph). Au pays des Massaï, 1 vol. in-16; *Hachette et Cie.*

Vambéry (Arminius). Voyages d'un faux derviche dans l'Asie centrale, 1 vol. in-16; *Hachette et Cie.*

Vandal (Albert). En Karriole. — A travers la Suède et la Norvège, 1 vol. in-18; *Plon, Nourrit et Cie.*

Vattemare (H.). Vie et voyages de Christophe Colomb, 1 vol. petit in-16; *Hachette et Cie.*

Wattemare (H.). Vie et Voyages de James Cook, 1 vol. petit in-16; *Hachette et C*.

— Vie et Voyages de La Pérouse, 1 vol. petit in-16; *Hachette et C*.

— Vie et Voyages de David Livingstone, 1 vol. pet. in-16; *Hachette et C*.

— Vie et Voyages de Fernand de Magellan, 1 vol. petit in-16; *Hachette et C*.

Whymper (Frédéric). Voyages et Aventures dans l'Alaska. Traduction, par ÉMILE JONVEAUX, 1 vol. in-8°; *Hachette et C*.

———

ÉCONOMIE POLITIQUE ET LÉGISLATION.

About (Edmond). A, B, C, du travailleur, 1 vol. in-16; *Hachette et C*.

Bastiat (Frédéric). Sophismes économiques. — Petits pamphlets, 2 vol. in-18; *Guillaumin et C*.

Baudrillart (H.). Lectures choisies d'économie politique, 1 vol. in-18; *Guillaumin et C*.

Beaussire (Émile). Les Principes du droit, 1 vol. in-8°; *Félix Alcan.*

Bergeret (Gaston). Mécanisme du budget de l'État, 1 vol. in-8°; *Quantin.*

Block (Maurice). Premiers principes de législation pratique, 1 vol. in-18; *Hetzel et C*.

Carré (N.-A.). Nos petits procès. — Notes sur le droit familier, 1 vol. in-18; *Hennuyer.*

Chassaing (J.-B.). Notions usuelles de droit civil, 1 vol. in-18; *Delalain frères.*

Coste (Adolphe). Hygiène sociale contre le paupérisme, 1 vol. in-8°; *Félix Alcan.*

Delafutry (Prosper). Les Mémoires d'un travailleur, 1 vol. in-18; *Sauvaitre.*

Franklin (Benjamin). Conseils au peuple, 1 vol. in-12; *Librairie Colas.*

— Essais de morale et d'économie politique, 1 vol. in-16; *Hachette et C*.

Guétat (Édouard). Histoire élémentaire du droit français, 1 vol. in-8°; *Larose et Forcel.*

Lamy (Louis de). Les Causeries du juge de paix, 1 vol. in-12; *Ch. Delagrave.*

Lemoine (L.). Les Artisans et l'industrie. — Autrefois et aujourd'hui, 1 vol. in-12; *Librairie centrale des publications populaires.*

Luquin (Mme Élise). Études commerciales : droit commercial, comptabilité, tenue de livres, 2 vol. in-8°; *Guillaumin et C*.

Mager (Henry). Cours sommaire et pratique de législation commerciale, 1 vol. in-12; *Delalain frères.*

Mézières. L'Économie ou remède au paupérisme, 1 vol. in-12; *Librairie Renouard.*

Mourlon. Répétitions écrites sur le Code civil, 3 vol. in-8°; *Marescq aîné.*

Rondelet (Antonin). Les Mémoires d'Antoine, ou Notions populaires de morale et d'économie politique, 1 vol. in-12; *Perrin et C*.

Vauban. La Dîme royale, 1 vol. in-12; *Guillaumin et C*.

AGRICULTURE, HORTICULTURE.

Baltet (Charles). L'Art de greffer, 1 vol. in-12; *G. Masson.*

Boitel (Amédée). Herbages et prairies naturelles, 1 vol. in-8°; *Firmin-Didot et C*.

Candolle (Alph. de). Origine des plantes cultivées, 1 vol. in-8°; *Félix Alcan.*

Canu (T.) et Larbalétrier (Albert). Manuel de météorologie agricole, 1 vol. in-18; *Hetzel et C*.

Cherville (G. de). Fleurs, fruits et légumes, 1 vol. in-18; *Maurice Dreyfous.*

Dybowski. Traité de culture potagère, 1 vol. in-18; *G. Masson.*

Fabre (J.-Henri). Les Ravageurs, 1 vol. in-12; *Ch. Delagrave.*

Grimbert (Albert). Manuel pratique d'agriculture et d'horticulture, 1 vol. in-18; *Garnier frères.*

Joigneaux (Pierre). Conseils à la jeune fermière, 1 vol. in-18; *G. Masson.*

— Le Livre de la ferme et des maisons de campagne, 2 vol. in-4°; *Masson-Delagrave.*

Müntz (A.) et Girard (A.-Ch.). Les Engrais : alimentation des plantes; fumiers, engrais des villes, engrais végétaux, 1 vol. in-8°; *Firmin-Didot.*

Scribaux et Nanot. Éléments de botanique agricole, 1 vol. in-16; *J.-B. Baillière et fils.*

Varennes (H. de). Les Veillées de la ferme de Tourne-Bride, ou Entretiens sur l'agriculture, 1 vol. in-18; *Masson-Delagrave.*

SCIENCES MATHÉMATIQUES, PHYSIQUES,
CHIMIQUES ET NATURELLES.

SCIENCES APPLIQUÉES. ARTS INDUSTRIELS.

Anonyme. Flore pittoresque de la France, 1 vol. in-4°; *Rothschild.*

Anonyme. Histoire d'un savant par un ignorant, 1 vol. in-18; *Hetzel et C*.

Albert-Lévy. James Watt, 1 vol. petit in-16; *Hachette et C*.

— Lavoisier, 1 vol. petit in-16; *Hachette et C*.

Amiot et Vintéjoux. Éléments de géométrie, 1 vol. in-8°; *Ch. Delagrave.*

André (Ph.). Nouveau cours d'arithmétique, 1 vol. in-8°; *André-Guédon.*

— Nouveau cours complet d'algèbre, 1 vol. in-8°; *André-Guédon.*

André (Ernest). Les Fourmis, 1 vol. in-16; *Hachette et C*.

Audoynaud. Entretiens familiers sur la cosmographie, 1 vol. in-18; *Hetzel et C*.

Baclé. Les Voies ferrées, 1 vol. in-8°; *G. Masson.*

Bernard (Claude). La science expérimentale, 1 vol. in-18; *J.-B. Baillière et fils.*

Bert (Paul). Anatomie et physiologie animales, 1 vol. in-18°; *G. Masson.*

Bert (Paul) et Raphaël Blanchard. Éléments de zoologie, 1 vol. in-8°; *G. Masson.*

Bertillon (Alphonse). Les races sauvages, 1 vol. in-8°; *G. Masson.*

Boscowitz (Arnold). Les Volcans, 1 vol. in-8°; *Ducrocq.*

— Les tremblements de terre, 1 vol. in-8°; *Ducrocq.*

Bouant (Émile). La galvanoplastie, le nickelage, etc., 1 vol. in-16; *J.-B. Baillière et fils.*

— Les grands froids, 1 vol. in-16; *Hachette et Cie.*

Bourdeau (Louis). Conquête du monde animal, 1 vol. in-8°; *Félix Alcan.*

Collignon (Édouard). Les Machines, 1 vol. in-16; *Hachette et Cie.*

Combette (E.). Cours de mécanique, 1 vol. in-8°; *Félix Alcan.*

Crié (Louis). Nouveaux éléments de botanique, 1 vol. in-18; *Octave Doin.*

Deharme (E.). Les Merveilles de la locomotion, 1 vol. in-16; *Hachette et Cie.*

Demoulin (Maurice). Les paquebots à grande vitesse et les navires à vapeur, 1 vol. in-16; *Hachette et Cie.*

Demoulin (Mme G.). Philippe de Girard, 1 vol. petit in-16; *Hachette et Cie.*

— Ampère, 1 vol. petit in-16; *Hachette et Cie.*

— Cuvier, 1 vol. petit in-16; *Hachette et Cie.*

Desplats (V.). Zoologie, 1 vol. in-8°; *Ch. Delagrave.*

Dieulafait (Louis). Diamants et pierres précieuses; 1 vol. in-16; *Hachette et Cie.*

Drion et Fernet. Traité de physique élémentaire, 1 vol. in-8°; *G. Masson.*

Dufailly. Géométrie descriptive, 1 vol. in-12; *Ch. Delagrave.*

Ernouf (Baron). Histoire de trois ouvriers français : Richard Lenoir, Abraham-Louis Bréguet, Michel Brézin, 1 vol. in-16; *Hachette et Cie.*

— Denis Papin, sa vie, son œuvre, 1 vol. in-16; *Hachette et Cie.*

— Histoire de quatre inventeurs français au xixe siècle : Sauvage, Heilmann, Thimonnier, Giffard, 1 vol. in-16; *Hachette et Cie.*

— Deux inventeurs célèbres : Philippe de Girard, Jacquart, 1 vol. in-16; *Hachette et Cie.*

Fabre (J.-H.). Les inventeurs et leurs inventions, 1 vol. in-8°; *Ch. Delagrave.*

Flammarion (Camille). Astronomie populaire, 1 vol. in-8°; *Marpon et Flammarion-Levasseur.*

— L'Atmosphère. Météorologie populaire, 1 vol. in-8°; *Hachette et Cie.*

Filhol (H.). La vie au fond des mers, 1 vol. in-8°; *G. Masson.*

Folin (Le marquis de). Sous les mers. — Campagne d'exploration du *Travailleur* et du *Talisman*, 1 vol. in-16; *J.-B. Baillière et fils.*

Fonvielle (W. de). Le Pétrole, 1 vol. in-16; *Hachette et Cie.*

Garnier (Jules). Le Fer, 1 vol in-16; *Hachette et Cie.*

Girard (Maurice). Les métamorphoses des insectes, 1 vol. in-16; *Hachette et Cie.*

Graffigny (H. de). Les moteurs anciens et modernes, 1 vol. in-16; *Hachette et Cie.*

Guillemin (Amédée). Les machines à vapeur et à gaz; 1 vol. in-16; *Hachette et C*.

— Le feu souterrain, 1 vol. in-16; *Hachette et C*.

— Les chemins de fer, 2 vol. in-16; *Hachette et C*.

— La Terre et le Ciel, 1 vol. in-8°; *Hachette et C*.

— Les Comètes, 1 vol. in-16; *Hachette et C*.

— Le beau et le mauvais temps, 1 vol. in-16; *Hachette et C*.

— Les Météores électriques et optiques, 1 vol. in-16; *Hachette et C*.

Hébert. Notions générales de géologie, 1 vol. in-18; *G. Masson.*

Hennebert (Lieutenant-colonel). L'Artillerie, 1 vol. in-16; *Hachette et C*.

Hospitalier (E.). Les principales applications de l'électricité, 1 vol. in-8°; *G. Masson.*

Houzé (J.-P.). Le Livre des métiers manuels, 1 vol. in-18; *Hetzel et C*.

Huxley. Leçons de physiologie élémentaire, 1 vol. in-12; *Reinwald.*

— Physiographie. Introduction à l'étude de la nature, 1 vol. in-8°; *Félix Alcan.*

Jannettaz (Ed.). Les roches, 1 vol. in-12; *Rothschild.*

Lacroix (E.). Dictionnaire industriel à l'usage de tout le monde, 4 vol. in-12; *chez l'auteur.*

Lambert (Ed.). Traité pratique de botanique, 1 vol. in-8°; *Firmin-Didot et C*.

Lefebvre (Eugène). Le Sel, 1 vol. in-16; *Hachette et C*.

Lesbazeilles. Buffon, 1 vol. petit in-16; *Hachette et C*.

Macé (Jean). Histoire d'une bouchée de pain, 1 vol. in-18; *Hetzel et C*.

Maigne (P.). Les mines de la France et de ses colonies, 1 vol. in-32; *Félix Alcan.*

Maindron (Maurice). Les Papillons, 1 vol. in-16; *Hachette et C*.

Mangin (Louis). Cours élémentaire de botanique, 1 vol. in-16; *Hachette et C*.

Mangin (Arthur). Nos ennemis, 1 vol. in-8°; *A. Mame et fils* (Tours).

Meunier (Mme Stanislas). L'écorce terrestre, 1 vol. in-16; *Hachette et C*.

Moitessier. L'Air, 1 vol. in-16; *Hachette et C*.

Moncel (Comte Th. du). Le Téléphone, 1 vol. in-16; *Hachette et C*.

Paulian (Louis). La hotte du chiffonnier, 1 vol. in-8°; *Hachette et C*.

— La Poste aux lettres, 1 vol. in-8°; *Hachette et C*.

Perrier (E.). Les explorations sous-marines, 1 vol. in-8°; *Hachette et C*.

— Les principaux êtres vivants des cinq parties du monde. Texte explicatif de l'atlas de Schneider, 1 vol. in-16; *Jouvet et C*.

Pizzetta. Les loisirs d'un campagnard, 1 vol. in-8°; *Hennuyer.*

Poiré (Paul). La France industrielle, 1 vol. in-8°; *Hachette et C*.

Porchon. Cours de cosmographie, 1 vol. in-8°; *Félix Alcan.*

Portal (Camille) et **Graffigny (H. de).** Les Merveilles de l'horlogerie, 1 vol. in-16; *Hachette et C*.

Pouchet. Mœurs et instinct des animaux, 1 vol. in-8°; *Hachette et C*.

Privat-Deschanel et **J. Pichot.** Notions élémentaires de physique, 1 vol. in-16; *Hachette et C*.

Quatrefages (A. de). Introduction à l'étude des races humaines, 2 vol. in-8°; *Hennuyer.*

Radau. L'acoustique et les phénomènes du son, 1 vol. in-16; *Hachette et Cie.*

Rebière. Cours de trigonométrie, 1 vol. in-8°; *Félix Alcan.*

Renard (Léon). L'Art naval, 1 vol. in-16; *Hachette et Cie.*

Sauvage (Docteur H.-E.). La grande pêche (Les Poissons), 1 vol. in-16; *Jouvet et Cie.*

Schneider (Oscar). Les principaux types des êtres vivants des cinq parties du monde. Atlas, 1 vol. in-fol.; *Jouvet et Cie.*

Ternant (A.-L.). Les Télégraphes, 2 vol in-16; *Hachette et Cie.*

Tillier (Louis) et Paul Bonnetain. Histoire d'un paquebot, 1 vol. in-4°; *Quantin.*

Tissandier (Gaston). L'Eau, 1 vol. in-16; *Hachette et Cie.*

  — Les récréations scientifiques, 1 vol. in-8°; *G. Masson.*

  — La science pratique, 1 vol. in-18; *G. Masson.*

Troost. Traité élémentaire de chimie, 1 vol. in-8°; *G. Masson.*

Tyndall. Les glaciers et les transformations de l'eau, 1 vol. in-8°; *Félix Alcan.*

Vélain (Ch.). Géologie stratigraphique, 1 vol. in-18; *F. Savy.*

Zurcher. Les phénomènes de l'atmosphère, 1 vol. in-32; *Félix Alcan.*

Zurcher et Margollé. Les Glaciers, 1 vol. in-16; *Hachette et Cie.*

HYGIÈNE.

Bouchardat. Traité d'hygiène publique et privée, 1 vol. in-8°; *Félix Alcan.*

Duclaux (E.). Le microbe et la maladie, 1 vol. in-8°; *G. Masson.*

Fonssagrives (J.-B.). Entretiens familiers sur l'hygiène, 1 vol. in-12; *Ch. Delagrave.*

Friedberg (E. de). Premiers secours aux blessés et aux malades, 1 vol. petit in-16; *Hachette et Cie.*

Lagrange (Docteur Fernand). Physiologie des exercices du corps, 1 vol. in-8°; *Félix Alcan.*

Monin (Docteur). La propreté de l'individu et de la maison, 1 vol. in-8°; *Société française d'hygiène.*

Quesnoy (Docteur F.). Les phases de la vie, 1 vol. in-16; *Jouvet et Cie.*

Sanson. Notions usuelles de médecine vétérinaire, 1 vol. in-18; *Librairie agricole de la Maison rustique.*

BEAUX-ARTS.

Anonyme. L'Ancienne France. — Les Arts et métiers au moyen âge, 1 vol. in-8°; *Firmin-Didot et Cie.*

— L'Ancienne France. — L'industrie et l'Art décoratif aux deux derniers siècles, 1 vol. in-8°; *Firmin-Didot et Cie.*

— L'Ancienne France. — Peintres et graveurs. — L'Académie de peinture, 1 vol. in-8°; *Firmin-Didot et Cie.*

— L'Ancienne France. — Sculpteurs et architectes. — L'Académie d'architecture, 1 vol in-8°; *Firmin-Didot et Cie.*

— L'Ancienne France. — Le Théâtre et la Musique, 1 vol. in-8°, *Firmin-Didot et Cie.*

Divers. Échos de France, 2 vol, in-8°; *Durand et Schœnewerk.*

Bayet (C.). L'Art byzantin, 1 vol. in-4° anglais; *Quantin.*

— Précis d'histoire de l'art, 1 vol. in-4° anglais; *Quantin.*

Berlioz (Hector). Mémoires, 2 vol. in-18; *Calmann Lévy.*

Bigot (Charles). Peintres français contemporains, 1 vol. in-16; *Hachette et Cie.*

Bisson (Alexandre) et Lajarte (Th. de). Petite encyclopédie musicale, 2 vol. in-8°; *Hennuyer.*

Blanc (Charles). Grammaire des arts décoratifs, 1 vol. in-8°; *Laurens.*

— Grammaire des arts du dessin, 1 vol. in-8°; *Laurens.*

— Les Artistes de mon temps, 1 vol. in-8°; *Firmin-Didot et Cie.*

— Voyage de la Haute-Égypte, 1 vol. in-8°; *Laurens.*

Bonnaffé. Le Meuble en France au xvie siècle, 1 vol. in-4°; *Librairie de l'Art.*

Bouchot. Le Livre. — L'Illustration. — La Reliure, 1 vol. in-4° anglais; *Quantin.*

Burty (Philippe). Bernard Palissy, 1 vol. in-8° carré; *Librairie de l'Art.*

Cerfberr de Medelsheim. L'Architecture en France, 1 vol. in-16; *Jouvet et Cie.*

Champeaux (Alfred de). Le Meuble, 2 vol. in-4° anglais; *Quantin.*

Champfleury. La Tour, 1 vol. in-8° carré; *Librairie de l'Art.*

Chesneau (Ernest). Pierre Puget, 1 vol. petit in-16; *Hachette et Cie.*

— La Peinture anglaise, 1 vol. in-4° anglais; *Quantin.*

Clément (Charles). Michel-Ange. — Léonard de Vinci. — Raphaël, 1 vol. in-18; *Hetzel et Cie.*

— Decamps, 1 vol. in-8° carré; *Librairie de l'Art.*

Clément (Félix). Mozart, 1 vol. petit in-16; *Hachette et Cie.*

— Beethoven, 1 vol. petit in-16; *Hachette et Cie.*

Collignon (Maxime). Mythologie figurée de la Grèce, 1 vol. in-4° anglais; *Quantin.*

— Phidias, 1 vol. in-8° carré; *Librairie de l'Art.*

— Manuel d'archéologie grecque, 1 vol. in-4° anglais; *Quantin.*

Colomb (L.-C.). François Mansart et Jules Hardouin, dit Mansart, 1 vol. petit in-16; *Hachette et Cie.*

— Philibert de l'Orme, 1 vol. petit in-16; *Hachette et Cie.*

Corroyer (Édouard). L'Architecture romane, 1 vol. in-4° anglais; *Quantin.*

Cournault (Charles). Jean Lamour, 1 vol. in-8° carré; *Librairie de l'Art.*

— Ligier Richier, 1 vol. in-8° carré; *Librairie de l'Art.*

Deck (Théodore). La Faïence, 1 vol. in-4° anglais; *Quantin.*

Delaborde (Vicomte Henri). La Gravure, 1 vol. in-4° anglais; *Quantin.*

Duval (Mathias). Précis d'anatomie à l'usage des artistes, 1 vol. in-4° anglais; *Quantin.*

Forgues (Eugène). Gavarni, 1 vol. in-8° carré; *Librairie de l'Art.*

Gauthiez (Pierre). Prudhon, 1 vol. in-8° carré; *Librairie de l'Art.*

Gerspach. L'Art de la verrerie, 1 vol. in-4° anglais; *Quantin.*

— La Mosaïque, 1 vol. in-4° anglais; *Quantin.*

Gonse (Louis). L'Art japonais, 1 vol. in-4° anglais; *Quantin.*

Guillaume (Edmond). Histoire de l'art et de l'ornement, 1 vol. in-8°; *Ch. Delagrave.*

Havard (Henry). Histoire de la peinture hollandaise, 1 vol. in-4° anglais; *Quantin.*

Lafenestre (Georges). La Peinture italienne, depuis les origines jusqu'à la fin du xve siècle, 1 vol. in-4° anglais; *Quantin.*

Laloux. L'Architecture grecque, 1 vol. in-4° anglais; *Quantin.*

Lavoix (H.). Histoire de la musique, 1 vol. in-4° anglais; *Quantin.*

Lecoy de la Marche. Les Manuscrits et la Miniature, 1 vol. in-4° anglais; *Quantin.*

Lefébure (Ernest). Broderies et Dentelles, 1 vol. in-4° anglais; *Quantin.*

Lemonnier (Henry). Michel-Ange, 1 vol. petit in-16; *Hachette et Cie.*

Lostalot (Alfred de). Les Procédés de la gravure, 1 vol. in-4° anglais; *Quantin.*

Martha (Jules). Manuel d'archéologie étrusque et romaine, 1 vol. in-4° anglais; *Quantin.*

Martin (Alexis). Faïences et Porcelaines, 1 vol. in-8°; *Hennuyer.*

Maspero (G.). L'Archéologie égyptienne, 1 vol. in-4° anglais; *Quantin.*

Mayeux (Henri). La Composition décorative, 1 vol. in-4° anglais; *Quantin.*

Ménard (René). Histoire artistique du métal, 1 vol. in-4°; *Librairie de l'Art.*

— Histoire des beaux-arts. — Art antique. — Moyen âge. — Art moderne, 3 vol. in-12; *Ch. Delagrave.*

Müntz (Eugène). Donatello, 1 vol. in-8° carré; *Librairie de l'Art.*

— Raphaël, sa vie, son œuvre et son temps, 1 vol. grand in-8°; *Hachette et Cie.*

— La Tapisserie, 1 vol. in-4° anglais; *Quantin.*

Perrot (Georges) et Chipiez (Charles). Histoire de l'art dans l'antiquité. — Égypte, Chaldée et Assyrie, 2 vol. in-4°; *Hachette et Cie.*

Pougin (Arthur). Méhul, sa vie, son génie, son caractère; 1 vol. in-8°; *Fischbacher.*

Proth (Mario). Jean Goujon, 1 vol. petit in-16; *Hachette et Cie.*

Rouaix (Paul). Dictionnaire des arts décoratifs, 1 vol. in-8°; *Librairie illustrée.*

Sauzay (A.). La Verrerie depuis les temps les plus reculés jusqu'à nos jours, 1 vol.
in-16; *Hachette et Cie*.

Vachon (Marius). Jacques Callot, 1 vol. in-8° carré; *Librairie de l'Art*.

— Philibert de l'Orme, 1 vol. in-8° carré; *Librairie de l'Art*.

Véron (Eugène). Eugène Delacroix, 1 vol. in-8° carré; *Librairie de l'Art*.

Viollet-le-Duc. Histoire d'une forteresse, 1 vol. in-8°; *Hetzel et Cie*.

— Histoire de l'habitation humaine, 1 vol. in-8°; *Hetzel et Cie*.

— Histoire d'une maison, 1 vol. in-8°; *Hetzel et Cie*.

— Comment on devient dessinateur, 1 vol. in-18; *Hetzel et Cie*.

— Comment on construit une maison, 1 vol. in-18; *Hetzel et Cie*.

Wauters (A.-J.). La Peinture flamande, 1 vol. in-4° anglais; *Quantin*.

Wilder (Victor). Beethoven, sa vie et son œuvre, 1 vol. in-18; *Charpentier et Cie*.

— Mozart. — L'homme et l'artiste, 1 vol. in-18; *Charpentier et Cie*.

Yriarte (Charles). J.-F. Millet, 1 vol. in-8° carré; *Librairie de l'Art*.